Danny Blau

Klassischer Universalrechner nach dem Konzept 'von Neumann' – Beschreibung und
Realisierung in der Moderne

GRIN - Verlag für akademische Texte

Der GRIN Verlag mit Sitz in München hat sich seit der Gründung im Jahr 1998 auf die Veröffentlichung akademischer Texte spezialisiert.

Die Verlagswebseite www.grin.com ist für Studenten, Hochschullehrer und andere Akademiker die ideale Plattform, ihre Fachtexte, Studienarbeiten, Abschlussarbeiten oder Dissertationen einem breiten Publikum zu präsentieren.

Dokument Nr. V136401 aus dem GRIN Verlagsprogramm

Danny Blau

Klassischer Universalrechner nach dem Konzept 'von Neumann' – Beschreibung und Realisierung in der Moderne

GRIN Verlag

Bibliografische Information der Deutschen Nationalbibliothek: Die Deutsche Bibliothek
verzeichnet diese Publikation in der Deutschen Nationalbibliografie; detaillierte bibliografische Daten sind im Internet über http://dnb.d-nb.de/ abrufbar.

1. Auflage 2009
Copyright © 2009 GRIN Verlag
http://www.grin.com/
Druck und Bindung: Books on Demand GmbH, Norderstedt Germany
ISBN 978-3-640-47192-8

FOM
Fachhochschule für Oekonomie & Management
Nürnberg

Berufsbegleitender Studiengang
zum Diplom-Wirtschaftsinformatiker /
zur Diplom-Wirtschaftsinformatikerin

6. Semester

Seminararbeit

Klassischer Universalrechner nach dem Konzept 'von Neumann' – Beschreibung und Realisierung in der Moderne

Autor: Danny Blau

A. Abstact

In dieser Seminararbeit wird auf das Neumannsche-Rechenmodell eingegangen. Es werden hier die Komponenten beschrieben, sowie der technische Zusammenhang. Es wird zudem in Frage gestellt, wie es mit dem Thema Software vs. Hardware weitergeht und ob z.B. Multicoreprozessoren das Maß aller Dinge sind, ober ob man auch durch logische CPU-Teilung ans Ziel kommt.

B. Keywords

Neumann-Architektur; Multicore; Singlecore; Hardware; Software; Neumann-Flaschenhals; CPU; Hyper Threading;

C. Abkürzungsverzeichnis

EDVAC	Electronic Discrete Variable Automatic Computer
SISD	Single Instruction - Single Data
ALU	Arithmetic Logic Unit
CPU	Central Processing Unit
HT	Hyper Threading

D. Abbildungsverzeichnis

E. Inhaltsverzeichnis

1. John von Neumann

János von Neumann zu Margitta, Sohn einer jüdischen Bankiersfamilie, wurde am 28. Dezember 1903 in Budapest geboren und ist am 8.Februar 1957 In Washington verstorben. Heutzutage ist er vor allem unter seinem in den USA gewählten Namen John von Neumann bekannt.

2. Das Neumannsche Rechenmodell

2.1 Geschichte

Das Konzept basiert auf den resümierenden Überlegungen von Burks, Goldstine und von Neumann und wird abkürzend 'Von-Neumann-Rechnermodell' genannt.[1]

John von Neumann beschrieb dieses Konzept 1945 in dem zunächst unveröffentlichten Papier „First Draft of a Report on the EDVAC" im Rahmen des Baus der EDVAC-Rechenmaschine. Dieses Konzept war zum damaligen Zeitpunkt revolutionär, denn zuvor entwickelte Rechner waren an ein festes Programm gebunden, welches hardwaremäßig verschaltet war.

Das bedeutete größtenteils, dass für eine Software bzw. für ein Programm immer eine entsprechende Hardware gebaut werden musste.

Mit der von-Neumann-Architektur war es nun möglich, Änderungen an Programmen sehr schnell und ohne Änderungen an der Hardware durchzuführen. Dies hat zur positiven Folge, dass in kurzer Zeit, verschiedene Programme ablaufbar sind.

Viele Ideen dieser von-Neumann-Architektur waren schon 1936 von Konrad Zuse ausgearbeitet worden. Diese wurden in zwei Patentschriften 1937 dokumentiert und größtenteils bereits 1938 in der Z1-Maschine mechanisch realisiert worden.

Es gilt dennoch als unwahrscheinlich, dass von Neumann die Ausarbeitungen von Konrad Zuse kannte, als dieser 1945 seine Architektur vorstellte.

Die meisten der heute gebräuchlichen Computer basieren auf dem Grundprinzip der von-Neumann-Architektur.

---

1 Burks, Goldstine, Neumann; Preliminary Discussion of the Logical design of an Electronic Computing Instrument

2.2 Grundüberlegungen / Universalrechner

Zur Darstellung der von-Neumann-Architektur sind zwei wesentliche Teilkonzepte zu erwähnen. Zum einen ist es die Architektur mit den dazugehörigen Komponenten, zum Anderen ist es das Ablaufkonzept eines Programmes.

Es ist zu berücksichtigen, dass dieses Rechnermodell programmierbar ist. Das bedeutet, dass die Hardware ein Programm in Form eines maschinenlesbaren Textes benötigt, um eine Aufgabe ausführen zu können.

Durch diese Programmierbarkeit eines Rechners kann man nun erstmals von einem Universalrechner sprechen. Es gelingt jetzt, eine universelle Maschine zu bauen und sie, in einer gegenüber der Bauzeit wesentlich kleineren Zeit, auf das jeweilige Programm bzw. die jeweilige Aufgabenstellung anzupassen.

Die Struktur des Rechners ist unabhängig von dem zu bearbeitenden speziellen Problem. Die Anpassung an die Aufgabenstellung erfolgt durch Speicherung eines eigenständigen Programmes für jedes neue Problem im Speicher des Rechners. Dieses Programm enthält die notwendigen Informationen für die Steuerung des Rechners.[2]

Die Universalität dieses Rechnermodells ist begrenzt zu den endlich zur Verfügung stehenden Speicher in einem System. Nur dieser Einschränkung ist es 'zu verdanken', dass berechenbare Probleme scheitern können.

2.3 Funktionseinheiten

Ein von Neumann-Rechner besteht aus den drei folgenden Funktionseinheiten:

- einer Zentraleinheit (Central Processing Unit / CPU)

- einem Speicher

- einer Ein-/Ausgabe-Einrichtung (auch I/O Unit genannt).

Dazu kommen noch die Verbindungen zwischen diesen Funktionseinheiten, die Busse.

Die folgende Abbildung stellt die Struktur eines Neumann-Rechners dar.

---

2   Vgl.:
    http://www.tecchannel.de/server/prozessoren/402283/prozessorgrundlagen_von_neumann_architektur_teil_1/index3.
    html

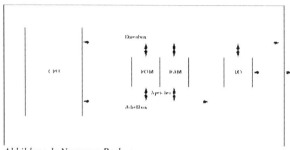

Abbildung 1: Neumann-Rechner

Quelle: http://www.ba-horb.de/~pl/BS_Skript/img17.gif

Im Folgenden wird auf die einzelnen Funktionseinheiten etwas detaillierter eingegangen.

2.3.1 CPU

Die CPU übernimmt die Ausführung von Befehlen und enthält die dafür notwendige Ablaufsteuerung.

Die CPU besteht aus einem Befehlsprozessor und einem Datenprozessor. In dem Datenprozessor werden Berechnungen durchgeführt. Dazu enthält der Datenprozessor ein Rechenwerk, die ALU und drei Register:

- Akkumulator (A),

- Multiplikationsregister (MR)

- Link-Register (Addiererübertrag).

Darüber hinaus steht dann noch ein Memory-Buffer-Register (MBR) zur Verfügung, über welches die Kommunikation mit dem Speicher abgewickelt wird.

Befehle des Programmes werden wie die zu verarbeitenden Daten behandelt, binär kodiert und im internen Speicher verarbeitet. Die Aufgabe des Befehlsprozessor besteht nun darin, Befehle zu entschlüsseln bzw. zu dekodieren und deren Ausführung zu steuern. Dazu stehen dem Befehlsprozessor folgende Register zur Verfügung:

- Instruction Register (IR)
    >> beinhaltet den aktuell bearbeiteten Befehl.

- Memory Address Register (MAR)

>> enthält die als nächstes zu bearbeitende Speicheradresse.

- Program Counter (PC)

  >> ist der Befehlszähler, der die Adresse mit dem nächsten auszuführenden Befehl enthält.

Folgende Abbildung stellt den Aufbau einer CPU grafisch dar:

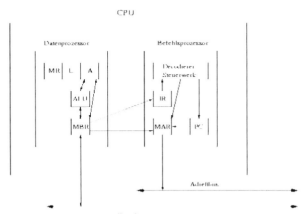

Abbildung 2: Aufbau einer CPU
Quelle: http://www.ba-horb.de/~pl/BS_Skript/img18.gif

Die Entschlüsselung der Befehle wird durch den (Befehls)-Decodierer vorgenommen und die Steuerung der Ausführung durch das Steuerwerk. [3]

2.3.2 Speicher

Der Speicher besteht aus Plätzen fester Wortlänge, welche sich einzeln mit Hilfe einer festen Adresse ansprechen lassen. Innerhalb des Speichers befinden sich sowohl Programmteile als auch Daten, zwischen denen im Neumannschen-Speichermodell nicht unterschieden wird.[4]

Der Speicher eines von-Neumann-Rechners besteht aus dem Read Only Memory (ROM) und dem Random Access Memory (RAM). Der ROM enthält nicht mehr veränderbare Daten. Es handelt sich dabei in der Regel um Befehle, die von der CPU häufig ausgefüllt werden mussen.

Das RAM dagegen ist ein Speicher mit sogenanntem wahlfreien Zugriff, d.h. jede Speicherzelle

---

3   http://www.ba-horb.de/~pl/BS_Skript/node13.html
4   http://www.tecchannel.de/server/prozessoren/402283/prozessorgrundlagen_von_neumann_architektur_teil_1/index3.html

kann direkt durch Lesen und Schreiben angesprochen werden. Im RAM können also Programme und Daten je nach Problem verändert bzw. neu geladen werden.[5]

Die minimale Ausstattung eines von-Neumann-Rechners beinhaltet nur einen ROM-Speicher für das nach Einschalten auszuführende Programm. Des Weiteren hat diese Ausstattung einen Schreib-Lese-Speicher für die Variablen, welche dann im Rahmen des Programmes die Daten enthalten.[6]

2.3.3 Ein-/Ausgabeeinheit (E/A)

Die Ein-/Ausgabeeinheit (engl. Input/Output; kurz I/O) ist wichtig, um den auf dem Computer laufenden Programmen (wie z. B. dem Betriebssystem) eine Schnittstelle zur Außenwelt zu ermöglichen. Dadurch wird erst eine vernünftige Benutzung des Systems möglich.

Der Prozessor spricht entweder über leistungsschwache, günstige I/O-Controller, oder über leistungsstarke, teure I/O-Prozessoren die sogenannten Peripheriegeräte (Maus, Bildschirm, Drucker, etc.) an.[7]

2.3.4 Datenbus

Ein Bus ist ein System zur Datenübertragung zwischen mehreren Teilnehmern über einen gemeinsamen Übertragungsweg, bei der Teilnehmer nicht an der Datenübertragung zwischen anderen Teilnehmern beteiligt sind.[8]

Die Busse im Neumannschen Rechenmodell verbinden die drei Hauptelemente miteinander. Es handelt sich dabei um Leitungen, auf denen formatierte Bitfolgen transportiert werden. Es gibt zur Realisierung zwei Möglichkeiten. Zum einen kann man einen Bus durch eine Leitung realisieren, dann werden die Bits seriell übertragen. Häufig werden mehrere Leitungen verwendet (sog. parallele Busse), mit welchen die Daten parallel übertragen werden und somit in der Regel eine schnellere Verbindung besteht.

2.4 Ablaufkonzept

Zu jedem Zeitpunkt führt die CPU exakt einen Befehl aus. Die Steuerung der Bearbeitung liegt im Steuerwerk, welches alle notwendigen Schritte zur vollständigen Behandlung einleiten muss. Innerhalb eines Befehls kann höchstens ein Datenwert bearbeitet, d.h. neu berechnet werden werden.

---

5   http://www.ba-horb.de/~pl/BS_Skript/node14.html
6   http://www.tecchannel.de/server/prozessoren/402283/prozessorgrundlagen_von_neumann_architektur_teil_1/index12.html
7   http://de.wikipedia.org/wiki/Eingabe_und_Ausgabe
8   IEC 60050 - International Electrotechnical Vocabulary - Details for IEV number 351-32-10.

Dieses Prinzip wird auch als 'Single Instruction – Single Data' (SISD) bezeichnet.[9]

Die gesamten Inhalte der Speicherzellen sind prinzipiell als Daten oder Befehle interpretierbar. Wie der jeweilige Speicherinhalt zu interpretieren ist, richtet sich nach dem Kontext des gerade laufenden Programmes. Als Konsequenz der gerade aufgeführten Eigenschaft lassen sich Daten und Befehle nicht gegen unberechtigten Zugriff schützen, da diese gemeinsam ohne Unterscheidungsmerkmal im Speicher abgelegt sind.[10]

2.5 Nachteile Neumann-Architektur

Neben dem größten Vorteil 'Universalität' der von-Neumann-Architektur gibt es auch Nachteile, welche so gravierend sind, dass es sich IT-Unternehmen schon längst Gedanken machen, diese Neumann-Architektur zu erweitern bzw. zu optimieren.

2.5.1 Keine Strukturierung von Daten

Seit der Einführung der von-Neumann-Architektur 'denken' und programmieren die Softwareentwickler bzw. die Informatiker sequentiell.

Ein Problem wird hierbei in eine Folge von Anweisungen zerlegt, die dann von der Maschine in einer vorgegebenen Reihenfolge verarbeitet wird. Dieses geschieht auch, wenn das gestellte Problem die Einhaltung einer speziellen Reihenfolge gar nicht verlangt. Als Beispiel kann hier die Addition genannt werden. Aufgrund des Kommunikativgesetzes der Mathematik spielt es keine Rolle, in welcher Reihenfolge die Operanden addiert werden. In der jetzigen sequentiellen Programmierung muss aber genau eine Reihenfolge definiert werden.[11] Das bedeutet, dass alleinig der Maschinenbefehl den Operandentyp bestimmt.

Die skalare und streng sequentielle Programmverarbeitung durch den Neumann-Rechner bewirkt einen entsprechenden Denk- und Programmierstil, der zum einen der natürlichen Denkweise eines Menschen widerspricht und zum anderen zur Lösung des umzusetzenden Problems nicht erforderlich ist.[12]

Um diesen aufgezeigten Mangel der von-Neumann-Sprache zu beseitigen, wurden zunächst die bestehenden Programmiersprachen (Cobol, Fortran, Algol) überarbeitet und erweitert. Dies hatte zur Folge, dass diese damit überdimensioniert, komplex und unflexibel wurden, da jede

9 http://www.tecchannel.de/server/prozessoren/402283/prozessorgrundlagen_von_neumann_architektur_teil_1/index4.html
10 http://www.tecchannel.de/server/prozessoren/402283/prozessorgrundlagen_von_neumann_architektur_teil_1/index4.html
11 http://www.lrr.in.tum.de/~walterm/InnProg0708/
12 http://user.cs.tu-berlin.de/~icoup/archiv/3.ausgabe/artikel/neumann.html

Programmiersprache aus Kompatibilitätsgründen sämtliche Möglichkeiten der vorangegangenen beinhalten musste. Da es sich allerdings um grundsätzliche sprachliche Nachteile in Verbindung mit der Neumann-Architektur handelt, verfügen nun auch die erweiterten Programmiersprachen weiterhin nur über eine beschränkte Ausdrucksmöglichkeit. Sie wurden eher nur weiter aufgebläht und sind somit noch schwieriger zu handhaben.

Ein sinnvoller Ausweg aus dieser Problematik scheint nur in einer vollständigen Abkehr von dem Neumann-Sprachkonzept zu liegen, wobei die Lösung vor allem in dem Konzept der funktionalen Programmierung gesucht wird. Ein typischer Vertreter der sogenannten grafischen Programmiersprache ist LabVIEW 8.5 von National Instruments.[13]

2.5.2 von-Neumann-Flaschenhals

Die CPU fordert während der Abarbeitung des Programmes zum Einen die Programmbefehle über den Datenbus an, muss aber auch dir zu verarbeitenden Daten holen und wieder im Speicher ablegen. Wie man also erkennen kann, ist das Verbindungssystem zwischen dem Prozessor und dem Speicher ein Engpass, der auch als von-Neumann-Flaschenhals bezeichnet wird.

Durch immer schneller getaktete Prozessoren, die Daten damit auch schneller verarbeiten können, müssen diese auch entsprechend zügig aus dem Speicher gelesen oder in den Speicher geschrieben werden. Dieser Zugriff kann allerdings durch den 'Flaschenhals' nicht so zügig wie gewünscht durchgeführt werden,

In der Praxis, besonders bei sogenanntem Multikernprozessoren versucht man, diesen Effekt abzuschwächen. Eine Möglichkeit ist der Einsatz von Zwischenspeichern im Prozessor (Cache Level 1) oder vor dem Prozessor (Cache Level 2). Diese lesen die Daten aus dem Speicher schon vorsorglich ein.[14]

Auf diese Caching-Technologien wird aufgrund der begrenzten Seitenanzahl nicht eingegangen.

3. Multi-Core Prozessor

3.1 Definition Multi-Core Prozessor

Bei dem Begriff Multicore-Prozessor (Mehrkernprozessor) handelt es sich um einen Prozessor der im wesentlichen aus zwei oder mehreren Hauptprozessoren auf einem einzigen Chip besteht. Diese Multicore-Prozessoren besitzen voneinander unabhängige Hauptprozessoren.[15] Sämtliche

---

13 http://elektronikpraxis.vogel.de/index.cfm?pid=881&pk=96993
14 http://tinohempel.de/info/rechner_algoritmen/flaschenhals.htm
15 http://www.bullhost.de/m/multicore-prozessor.html

Ressourcen mit Ausnahme des Bus und einiger Cache-Speicher sind repliziert.[16]

Es werden zwei Arten von Multikernprozessoren bzw. Mehrkernprozessoren unterschieden, zum einen die symmetrischen Multicore-Prozessoren bei denen die Hauptprozessoren den gleichen Befehlssatz besitzen und zum anderen die asymmetrischen Multicore-Prozessoren mit unterschiedlichen Befehlssätzen.[17]

An der Konzeption der Architektur der einzelnen Prozessoren bei einem Multicoreprozessor hat sich dem Grunde nach nichts geändert. Daten und Befehle werden weiterhin im Speicher zusammengehalten, die CPU besteht auch aus einem Steuerwerk und einem Rechenwerk, die Kommunikation mit der Außenwelt erfolgt ebenfalls noch über Ein- und Ausgabegeräte und die Kommunikation zwischen diesen Komponenten erfolgt ebenso mit Datenbussen (Allerdings weitreichende Umstellungen auf Cache-Technologien). Man kann also auch bei Multicoreprozessoren davon sprechen, dass diese nach dem Neumannschen-Rechenmodell konzeptioniert sind.

3.2 Besonderheiten

Ein PC mit zwei oder mehreren Prozessoren nutzt alleine wenig. Für die vereinte Prozessorkraft müssen Betriebssystem und Anwendung mitspielen. Es ist zu beachten ist, dass viele Anwendungen unter solch einer Mehrkernprozessor-Umgebung nicht unbedingt schneller laufen, sondern manchmal sogar langsamer laufen.

3.3 Multicore oder Hyperthreading

Während im Jahre 2007 noch behauptet wurde, dass Singlecore-Prozessoren an ihre physikalische Grenze stoßen und sich Prozesse nur durch Mehrkernprozessoren parallelisieren lassen, bekommt der Begriff Hyperthreading (HT) ein Revival.

Bei HT handelt es sich um ein Konzept, welches es erlaubt, dass ein Prozessor mehrere Threads gleichzeitig abarbeiten kann. Herkömmliche Prozessoren ohne HT sind lediglich in der Lage einen Thread eines Prozesses zu bearbeiten. Dieses sogenannte Multitasking arbeitet nach dem Zeitschiebeverfahren. Das bedeutet, dass jede Anwendung der Reihe nach, abhängig von ihrer Priorität, Prozessorzeit in Anspruch nehmen darf. Effektiv in Bearbeitung ist allerdings immer nur ein Thread oder ein Prozess. Es wird dem Anwender nur vorgespielt, als würden Prozesse parallel sprich zeitgleich ablaufen.[18]

---

16 http://de.wikipedia.org/wiki/Mehrkernprozessor
17 http://www.bullhost.de/m/multicore-prozessor.html
18 vgl c't, Ausgabe 7/2009, Seite 145

Vermarktet wurde diese Technologie 2005 von Intel unter dem Namen Hyper-Threading Technology (HTT). Der Clou an HT ist, die Vorteile eines Multicore-Prozessors auf nur einen Prozessor zu projizieren. HT gaukelt dem Betriebssystem pro tatsächlich vorhandenen physikalischen CPU-Kern einen zusätzlichen virtuellen vor. Man spricht hierbei auch von logischen Prozessoren.[19]

Somit kann der Prozessor seine Rechenwerke besser auslasten und beispielsweise Berechnungen eines Threads ausführen, während er für den anderen Daten aus dem RAM holt.

In der Praxis profitieren allerdings nicht alle Anwendungen von HT, wohl auch wegen nicht auf parallele Threads optimierter Programmierung.

Die Software wäre also theoretisch in der Lage, die Hälfte der CPU-Kerne zu virtualisieren, und alle Applikationen könnten hiervon profitieren. Es müsste nur ein Anreiz geschaffen werden, die Applikationen entsprechend umzustellen. Durch allerdings immer billigere Multicoreprozessoren wird der dieser Anreiz genommen, sich intensiv mit der Softwarekomponente zu befassen. Es wird einfach bei einer Denkblockade ein neuer Prozessor beschafft, der sich der neuen Aufgabenstellung widmet.

Das mehr physikalische Prozessoren mehr Energie verbrauchen, sowie zu einer höheren Wärmebelastung für unser gesamtes Umweltsystem führen, scheint hierbei kein Thema zu sein. Zumindest ist dieser Gedankengang noch kein Thema. Es sollte in der Softwareentwicklungsbranche ein schnelles Umdenken stattfinden, nicht dass solche Technologien und Überlegungen wie z.B. das HT im Erdboden verschwinden.

3.3.1 Beispiel HT beim Atom-Prozessor

Um einmal darzustellen, was mit einer Parallelisierung mit HT möglich ist, habe ich ein Beispiel des derzeit häufig in den Medien zu findenden Prozessors Intel Atom aufgeführt.

Der Intel Atom-Prozessor ist ein simpler In-Order Prozessor mit lediglich zwei Pipelines. Der Atom kann bei Abarbeitung einer Befehlsfolge keine anderen Befehle vorziehen, um damit Wartezeiten zu streichen. Kommt zum Beispiel der Befehl 'Hole Daten xx aus RAM' dann holt Atom diese Daten. Dies kann u.U. Bis zu 100 Taktzyklen dauern, bis die Daten geliefert werden. Im Gegensatz zu anderen Prozessoren, wartet der Atom, und tut nichts anderes in der Zwischenzeit.

Nun springt dem Atom HT zur Seite, denn für eine In-Order Architektur wie die des Atom ist HT wie geschaffen. Während der Atom also noch wartet, kann er einen anderen Thread seine Funktionseinheiten nutzen lassen. Der Atom profitiert von dieser Architektur mit bis zu 70% an

---

19 PC-Games Hardware 08/2009; Simultaneous Multi-Threading

Leistungszuwachs.

4. Fazit – Das Ende der Hardware ?

Wir werden auch in Zukunft nicht auf Prozessoren und Speicher verzichten können und wir werden in unserer Gesellschaft auch weiterhin LEDs brauchen. Doch der Trend, dass Software die Hardware ablösen wird, wird in den nächsten Jahren weiter zunehmen.

Es wird zukünftig im Zeitalter der voranschreitenden Multicore-Architekturen nicht mehr die Frage nach Technologie sondern nach Wirtschaftlichkeit gestellt. Wenn es effizienter ist, in Bezug auf Entwicklungskosten, Leistungsaufnahme und Umsatzkosten, die Hardware-Fähigkeit der Software zu übertragen, anstatt es mit physikalischen Gattern zu realisieren, dann wird Software anstelle von Hardware verwendet. Dies ist seit Einführung der von-Neumann-Architektur gängige Praxis und ist vielleicht auch ein Grund, warum der Mikroprozessor überhaupt erfunden wurde. Ohne die Neumann-Architektur müsste weiterhin für jede Aufgabenstellung eine Hardware gebaut werden, um nur dieses eine Problem zu lösen. Dies hätte zur Folge, dass wir extrem hohe Entwicklungskosten, eine deutlich höhere Wärmeabgabe und somit eine höhere Energieverschwendung hätten. Software ist die ökonomischere Technologie zur Lösung von Problemen. Sie lässt sich einfacher entwickeln, implementieren, verifizieren um reparieren als Hardware.

Die einzige Beschränkung die Software hat, ist die Performance. Es ist offensichtlich, dass spezielle Logik immer Software übertreffen wird, die auf eigener Hardware mit festgelegter Technologie ausgeführt wird. Doch diese Performance hat Ihren Preis. Um den Anreiz zu nehmen, dass die Software die spezielle Logik von Hardware aufnehmen kann, gibt es ständig neue Horden von kleinen und billigen 'Superprozessoren'. Handelt es sich hierbei um eine Verschwörung der 'Hardwarelobby'? Eine Verschwörung mit dem Ziel, Software ein für allemal zu Fall zu bringen, damit die Gesellschaft zurückkehrt zu den Tagen, als Software nur für einfach gestrickte Gehaltsabrechnungssysteme da war. Obwohl den Softwareentwicklern und den Softwaredesignern jahrelang beigebracht wurde, die Parallelität aus einer Anwendung herauszuholen, um optimale Performance zu erzielen, leiden die Entwickler und Designer unter jahrzehntelangem seriellem Denken. (Vgl. Kapitel 'Keine Strukturierung von Daten 8')

Ein Umdenken hier ist erforderlich und es ist nur noch eine Frage der Zeit, bis dieses endlich eintrifft.

F. Literaturverzeichnis

[1]   Burks A.W, Goldstine H.H, von Neumann J.; Preliminary Discussion of the Logical design of an Electronic Computing Instrument; US Army Ordonance Dept. Report; 1946

[2]   Benz, B.; Schrumpfkuhr und Auferstehung – Wegweiser durch den x86-Prozessordschungel; c't, Ausgabe 07/2009

[3]   Neumeier, R.; Multi-Threading; pc-games, Ausgabe 08/2009

[4]   TU-Berlin; Schunke, K; Über die von Neumann-Architektur; http://user.cs.tu-berlin.de/~icoup/archiv/3.ausgabe/artikel/neumann.html; Zugriff am 28.06.09

[5]   BA-Horb; Plümicke, M,; Von-Neuman-Architektur; 28.10.99; http://ba-horb.de/~pl/BS_Script/node12.html; Zugriff am 20.07.09

[6]   LRR-Tum; Seidl, H.; Innovative Programmiermodelle; 18.10.07; http://www.lrr.in.tum.de/~walterm/InnProg0708/; Zugriff am 29.07.09

[7]   Härter, H.; Parallele Prozesse dank Multicore verarbeiten; 30.10.07; http://elektronikpraxis.vogel.de/index.cfm?pid=881&pk=96993; Zugriff am 30.07.09

[13]   Hempel, T.; von-Neumann-Flaschenhals; 2007; http://tinohempel.de/info/rechner_algoritmen/flaschenhals.htm; Zugriff am 29.07.09

[8]   Bullhost; Definition bzw. Erklärung: Multicore-Prozessor; http://www.bullhost.de/m/multicore-prozessor.html; Zugriff am 29.07.09

[9]   tecchannel; Prozessorgrundlagen: von-Neumann-Architektur Teil 1-3; http://www.tecchannel.de/server/prozessoren/402283/prozessorgrundlagen_von_neumann_r chitektur_teil_1/; Zugriff am 20.07.09

[10]   IEC 60050 - International Electrotechnical Vocabulary - Details for IEV number 351-32-10; International Electrotechnical Commission; Zugriff am 25.06.09

[11]   Wikipedia; Blackdeagle (2009); Eingabe und Ausgabe; http://de.wikipedia.org/wiki/Eingabe_und_Ausgabe; Zugriff am 28.06.09

[12]   Wikipedia; Stuby (2009); Von-Neumann-Architektur; http://de.wikipedia.org/wiki/Von-Neumann-Architektur; Zugriff am 20.07.09

[13]   Wikipedia; ViennaUK (2009); John von Neumann;
       http://de.wikipedia.org/wiki/John_von_Neumann; Zugriff am 20.07.09

[15]   Wikipedia; Schwijker(2009); Mehrkernprozessor;
       http://de.wikipedia.org/wiki/Mehrkernprozessor; Zugriff am 29.07.09